歷史追蹤！

原來「你」也在香港 ❸

民國至當代 篇

黃家樑 著

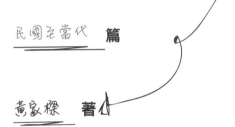

U0109076

孫中山 宋慶齡 蔡鍔 蔡元培 杜月笙 蔣介石 周恩來 鄧小平

中華教育

序

　　曾幾何時，上課時跟同學說漢代名將韓信的後人居於香港，同學一臉茫然，不知韓信是誰，因為中一已沒有楚漢相爭這課題；又曾幾何時，跟同學說唐朝曾在屯門駐軍，同學又不相信，以為是天方夜談；直至有一次，我說五代十國時朝廷曾經於大埔養「珠」，產品價值連城，這次同學終於相信了，就在我大感安慰之際，忽然傳來一把聲音：「這有何奇怪，新界的農場自然是養『豬』啦！」我心下一沉⋯⋯

　　在上述慘痛中帶點無奈的「中史教學事件簿」後，我體會到普遍香港學生對國家歷史的認識是何其薄弱，對內地與香港歷史淵源的了解是何其不足。適值政府重新確立中史為初中獨立必修科，本書正好配合這時機，以中小學生為對象，選取一些與香港息息相關的中外歷史人物，介紹其重要生平事跡，並採用答問採訪、個人履歷、人物自白等形式，力求形式活潑，知趣並重。

本書劃分為秦漢至清初、清至民國和民國至當代三部分，唯不少人物橫跨兩代，故以其主要事跡的發生時間，結合其歷史影響，加以區分。期望日後能夠推出更多更好的歷史讀物，還望讀者不吝賜正。

黃家樑

孫中山

宋慶齡

蔡鍔

蔡元培

杜月笙

蔣介石

周恩來

鄧小平

目錄

被尊稱為「國父」的

孫中山

1866 - 1925

「」的 CV

個人資料

孫中山

出生地：

廣東省香山縣翠亨村

（今珠海市南屏鎮）

出生年份：

公元 1866 年 11 月 12 日

家人：

從傳統到現代，首任妻子是父母之命而取的盧慕貞，婚後生了一子二女；第二任妻子是自由戀愛而結合的的宋慶齡，婚後並無子女。

革命期間曾結識伴侶陳粹芬（香港屯門人）、淺田春和大月薰（日本人），跟大月薰生一女，名富美子（富美的日語發音與「文」相近，表明是孫文之子女）。

星座：

天蠍座，有強烈責任感，個性強悍而不

妥協，有毅力，大膽積極，敢愛敢恨

個人喜好

喜歡的食物： 常到南洋一帶，因此

愛上菠蘿，但不要給我

榴槤！

喜歡的顏色： 藍色像無際的青天，

白色像光芒照耀中華，

紅色是革命先烈的鮮血

喜歡的書籍： 我在醫院宿舍放了全套

中國古典二十四史，

有人問我是否看過……

結果發現我有問必答

喜歡的衣服： 當然是我設計的、由將

軍服改裝而成的中山裝

喜歡的事： 振興中華民族，維護民

權，讓民生富足

討厭的事： 有人叫「孫中山，萬歲」，

萬歲是古代帝王所用，

不合民主潮流啊！

個人履歷

學歷：

中央書院（今皇仁書院）畢業，後以第一

名成績畢業於香港華人西醫書院（港大前

身）

掌握技能：

流利英語，演說動人，行醫濟世，

結交豪傑，暢談國事

活躍界別：

醫學界、地下社團界、政治界、寫作出版

界

個人履歷

工作經驗：

大學畢業後 —— 於澳門行醫，救急扶危

投身革命後 —— 買賣軍火，召募義士，

宣傳革命，策劃起事

民國成立後 —— 革命尚未成功，

同志仍須努力

傑出成就：

① 領導革命黨推翻清朝，人稱中國近代民

主革命的先行者。

② 參與創立及捍衛中華民國，逝世後被尊

稱為「國父」。

③ 成為後世影視作品鍾愛的改編對象。

宋慶齡

蔡鍔

蔡元培

杜月笙

蔣介石

周恩來

鄧小平

「」的事跡

A1　歷史日報　　　　　公元 1927 年 1 月 21 日

學習在香港
兼擅中西

孫中山是中國近現代史上偉大的人物，他領導的革命運動對中國歷史的發展影響深遠。當我們回顧孫中山先生一生的革命事跡，不難發現孫中山與香港之間實在有密不可分的關係，並且在港留下不少歷史印記。

孫中山一家以務農為生，生活艱難，長兄孫眉便到美國檀香山謀生，其後克勤克儉，經營農場和商店，事業有成。1878 年，孫中山接受兄長建議，乘輪船赴檀香山就學，令他眼界大開。孫在當地接受教育期間，有意受洗加入教會，不為家人所容，便安排他返回家鄉。回鄉以後，孫不滿鄉民迷信鬼神之風，將北帝廟神像之手指折斷，引起公憤，於是避走香港，無意中掀開人生新一頁。

1883 年 11 月，孫中山在港入讀於拔萃書室（拔萃書院前身，當時位於港島東邊街入口），書室的學生來自不同國籍，課程多為西方知識，均須寄宿，但他只讀了短短一個月。之後，孫中山接受了基督教信仰，在中華基督教公理會（於必列者士街 2 號，今已改建為街市）接受喜嘉里牧師洗禮。1884 年 4 月，孫中山入讀

中央書院（即今之皇仁書院，現址為歌賦街聖公會基恩小學）。

活躍在香港推動革命

1886 年，孫中山完成中學課程後，得喜嘉理牧司介紹入讀廣州博濟醫院附屬學校習醫，結識日後革命同志鄭士良。後來，他得知香港西醫書院（位於荷李活道 77-81 號，今已改建為多層大廈）成立，因其課程較佳，香港風氣較自由，可以鼓吹革命，便立即轉校。就學期間，他經常與同學探討革命救國之道，與陳少白、楊鶴齡、尤烈等被稱為「四大寇」。

1892 年，孫中山先生畢業後，於澳門、廣州兩地行醫，乘機結交愛國之士，進行革命活動。1895 年，孫中山於香港中環士丹頓街 13 號成立了興中會，並以「乾亨行」的商號作掩護。同年 10 月，孫中山與陸皓東更以香港為基地，策劃於重陽節進行第一次武裝起義。可惜，機密外泄，數百名參與的會黨成員被截，好友陸皓東被捕處決，自己則被清廷通緝。

革命在香港反清基地

1896 月 3 月，港府對孫中山下達驅逐令，此後他流亡海外，不得踏足香港，

宋慶齡

蔡鍔

蔡元培

杜月笙

蔣介石

周恩來

鄧小平

但香港的革命活動沒有停止，革命刊物《中國日報》在港創辦，革命黨人又以香港為根據地，先後策動了多次的武裝起義。孫中山的十次武裝起義中，當中六次是由香港興中會和同盟會香港分會以香港為基地秘密發動。香港既是英國殖民地，不受清廷管轄，便成為了革命黨運動指揮和策劃中心、革命經費和軍火的轉運站，也是每次起義失敗後革命黨人的避難場所。其中同盟會的招待所位於上環普慶坊；革命刊物《中國日報》在香港創辦，報館地址是中環士丹利街 24 號（今「陸羽茶室」所在）；屯門青山紅樓則是革命黨人開會、藏身、測試炸藥的地方。

重回香港
回首革命生涯

屢敗屢試之下，革命運動終於在 1911 年取得成功。身在外國的孫中山乘船返國，在香港登岸後，再經廣州至南京，就任中華民國臨時大總統。可惜民國成立後，由北洋軍閥袁世凱掌權，民國制度大受破壞。袁氏死後，他的手下紛紛擁兵割據，形成軍閥混戰的局面，孫中山只得到廣州發起護法運動，聯合南方軍閥加以對抗。

1923 年，孫中山經香港返回廣州，留港期間出席了香港大學的歡迎會，並在陸佑堂用英語發表演講，主題是「革命思想的誕生」。

演講中，他提到自己的革命
思想源自香港，又呼籲學生
他日要為國出力，建設美好
的祖國。

　　護法運動失敗後，孫中
山重組國民黨，準備北伐統
一全國，1924 年 11 月應邀
北上與軍閥談判。由於長年
憂國憂民，且舟車勞頓，身
體感到不適，經診斷為肝癌
末期，1925 年 3 月 12 日病
逝北京，享年五十九歲。

宋慶齡

蔡鍔

蔡元培

杜月笙

蔣介石

周恩來

鄧小平

「」的採訪

" 孫中山在港革命活動 **"**

記：國父，我看電影《十月圍城》，劇情提到你在宣統二年（1910）暗中來港，與同盟會代表商議反清起義，遭清廷派出殺手追殺，不知是真是假？

孫：唉……1895 年，我在香港策劃第一次起義失敗，清廷施壓讓港府將我驅逐離港，又怎會再次進入香港呢？

記：那麼革命事業是如何進行呢？難道是遙遠控制？那時沒有電話，又沒有 FACEBOOK 和 WHATSAPP，怎樣聯絡呀？

孫：當然要靠分佈各地的聯絡站以及負責傳遞信息的聯絡員啦！所以有時我也會到港與大家開會，但 1896 年港府已下達驅逐出境令，我通常在船上與大家見面，甚少上岸。例如 1900 年，我曾坐船到港，準備登岸潛入內地，唉……豈料香港水警早已收到情報，嚴密監視，我最終只能在船上召開軍事會議，策動起義，英國人真是豈有此理！

記：原來如此！那麼你被人追殺是虛構的情節了！

孫：那又未至於天馬行空，清朝鷹犬對革命志士恨之入骨，又怎會放過我們呢？興中會同志楊衢雲兄，就是在香港家中遇刺身亡，電影《十月圍城》都有這一幕。而我……也要千方百計逃避追捕，一是用假名，二是申請了夏威夷出生證明書，方便以美國人身份出入，有人還以為我是夏威夷人，哈哈……

宋慶齡

蔡鍔

蔡元培

杜月笙

蔣介石

周恩來

鄧小平

記：國父果然想得周到，我猜你一直都有驚無險吧！

孫：哼！我輩中人搞革命，就有必死之心，哪會沒有危險。當年我到倫敦躲避風頭，怎知被清朝大使館的人認出，暗中將我綁架，準備引渡回國。幸好我趁機與昔日醫學院教師康德黎聯繫，他四方奔走，在國際形成壓力，清朝才肯放人啊。

記：原來是這麼一回事……我終於明白甚麼是拋頭顱、灑熱血了。

「😐」的掌故

—— 國父是黑社會高層

國父孫中山經歷十次革命才能推翻清朝，期間屢敗屢戰，百折不撓，值得大家學習。為達成革命理想，孫中山必須廣納各方英雄豪傑，當中會黨是其中之一。會黨本是反清復明的地下組織，如洪門就是由反清英雄鄭成功的部將陳永華創建，後來在各地演化為哥老會、青幫、三合會、致公堂等不同組織。

孫中山曾到美國三藩市，為方便向華僑籌款，就加入洪門致公堂，獲封為洪棍（高級決策人），終成功籌了二十多萬。其他革命黨人，不少都有加入這些會黨，如黃興是哥老會龍頭（頭目），秋瑾在日本入「三合會」擔任白紙扇（參謀）。會黨的支持對革命大有幫助，革命黨多次起義的義士多來自會黨，1900 年的惠州起義，參與的洪門中人就多達二萬。

當然，時至今日，黑社會已不再是反清復明的秘密組織，也不是華僑在外地互相合作和保護

宋慶齡

蔡鍔

蔡元培

杜月笙

蔣介石

周恩來

鄧小平

17

同鄉的社團，而是從事非法勾當的壞分子。所以大家在效法國父事跡之餘，不要學習他加入洪門啊！

高貴聰慧的「國母」

宋慶齡

1893 - 1981

「」的 CV

個人資料

宋慶齡

出生地：

祖籍廣東省文昌縣

（現海南省文昌市），

出生於上海

出生時間：

公元 1893 年 1 月 27 日

家人：

丈夫是孫中山先生，一生並無兒女，

家中有一姊一妹和三個弟弟

 星座：

水瓶座，具有前瞻性，富創造力，

天生聰慧，心胸寬廣，樂於助人

個人喜好

喜歡的顏色： 年輕留學時，當然愛鮮
豔的顏色；丈夫去世後，
愛質樸和高貴的深紫色和
黑色

喜歡的服裝： 年輕愛穿西裙，中年後
常穿旗袍，引領民國衣
着潮流，旗袍成為國服

喜歡做的事： 喜歡彈鋼琴，熱愛讀書，
閒時也會下廚

喜愛的食物： 吃蟹，雖然有皮膚敏感，
但為了美食也得「冒險」；
也愛吃芝士和糭子，
無分中西

喜愛的動物： 鴿子，象徵和平，
飛行時溫文爾雅

個人履歷

學歷：

美國喬治亞州衛斯理安女子學院文學系學

士畢業

獲加拿大維多利亞大學授予的榮譽法學博

士學位

掌握技能：

流利英語，擁有親和力和外交手腕

活躍界別：

政治界、社福界、外交界

工作經驗：

中華民國時期 ——

孫中山英文秘書，中國國民黨中央執行委

員會委員

個人履歷

中華人民共和國時期 ——

中央人民政府副主席

中國人民救濟總會主席

中華全國民主婦女聯合會名譽主席

人大常委會第一副委員長

傑出成就：

① 因孫中山先生被尊稱為國父，故人稱她
   為國母。

② 被譽為 20 世紀東方最偉大和高貴的女
   性之一。

③ 與姊姊宋靄齡和妹妹宋美齡，合稱宋家
   三姊妹，事跡經常出現於電影，如 1997
   年的《宋家皇朝》，由影星楊紫瓊、張
   曼玉、鄔君梅分別扮演她們三姊妹。

「」的事跡

A1　歷史日報　　　　　公元 1985 年 3 月 20 日

與國父的一段情緣 改寫人生

　　宋慶齡祖籍廣東省文昌縣（今海南省），出生於上海，父親宋嘉澍既是牧師，也是富有的商人，與革命家孫中山一見如故，一生全力支持革命。1894 年，孫中山探訪宋家時，首次見到了年僅一歲的宋慶齡，當時誰也沒料到這個女孩竟會在 21 年後，與孫中山締結良緣。

　　宋慶齡七歲時入讀上海中西女塾，十四歲到美國留學，考入歷史悠久的名校衞斯理安女子學院，接受西式教育。留學期間，對革命充滿熱情的父親，經常將有關革命運動的書信與剪報寄到美國給她，令她產生了強烈愛國情懷，也對革命領袖孫中山心生仰慕。1913 年，她獲得文學系學士學位，1914 年到日本接替大家姐宋靄齡出任孫中山的英文秘書，不久兩人墮入愛河。1915 年，二十二歲的宋慶齡為了跟孫中山的婚事返回上海徵求父母同意，豈料父母因兩人年紀相差 27 年而大力反對，將宋慶齡軟禁在家中閣樓上，由人看管不許外出。某天早上，她趁父母未醒，離家乘輪船去日本，與孫中山在東京正式結婚。孫中山給這位新婚妻子送上一件特

別的禮物，就是一把手槍和 20 發子彈，跟她說其中 19 顆子彈留給敵人，最後一顆留給自己，宋慶齡投身革命的生涯就這樣揭開序幕。

投身政治
為國為民奮鬥

　　1917 年宋慶齡追隨孫中山到廣州參加護法運動，對抗當時佔據北方的軍閥，1920 年 11 月曾路過香港一次。1922 年，本來支持孫中山的南方軍閥陳炯明叛變，還夜襲位於廣州越秀山的總統府。宋慶齡在逃亡時不幸流產，這是她一生當中唯一一次懷孕，之後終身也未再有孕。

　　眼見南方軍閥並不可靠，孫中山轉而聯合蘇聯，借助其支援建立國民黨自身的軍事力量。1922 年，她陪同孫中山參與跟蘇聯代表越飛會談，確立了「聯俄容共」政策。1924 年宋慶齡陪同孫中山由廣州乘坐輪船，經香港往北京商議和平統一的計劃，豈料孫中山在途中發現患上肝癌，最終在 1925 年 3 月 12 日於北京逝世。

　　之後宋慶齡曾短暫退隱，到歐洲各國遊歷，期間參加了一些重要國際活動，被選為國際反帝同盟名譽主席，成為世界反法西斯委員會的領導人之一，又在國內積極投入反對日本侵略的運動，延續孫中山救國愛民的精神。

蔡鍔

蔡元培

杜月笙

蔣介石

周恩來

鄧小平

25

宋家三姊妹
結緣香港

　　1937 年 7 月，日本發動對中國的全面侵略，上海形勢危急，宋慶齡於 12 月一天的早上，披上頭巾，在一位新西蘭人路易的掩護下，避過日軍檢查，登上輪船，從上海南下香港開展抗日救國工作。她當時入住弟弟宋子良在干德道 11 號的三層高小洋房，之後又住進另一個弟弟宋子文在九龍嘉林邊道 25-27 號的住宅。留港期間，她在港島西摩道 21 號創建「保衛中國同盟」，致力於戰時醫療救濟和兒童福利工作。她透過各種渠道向海外華僑和國際社會宣傳抗戰情況，控訴日本侵略者的暴行，又向愛國華僑和國際友人募集了資金、藥品和其他物資，支援八路軍的抗戰工作。當時許多物資都是通過她的安排，經香港運往抗日根據地。

　　1940 年 3 月 28 日，在九龍沙宣道香港各界婦女團體領袖召開的記者會上，她與姊姊宋靄齡和妹妹宋美齡同場出現（當時宋美齡因車禍受傷到香港療養），成為舉世觸目的新聞。原來在 1927 年國共分裂後，嫁給蔣介石的宋美齡與支持共產黨的宋慶齡少有會面，這次宋家三姊妹同時在香港出現，象徵着全國上下一致抗日，鼓舞了全國人民的士氣，當然成為了一時佳話。

　　1945 年，抗日戰爭勝

利後，宋慶齡將「保衞中國同盟」改為「中國福利基金會」。1949 年，她獲選為中華人民共和國中央人民政府副主席，繼續從事社會福利和外交的工作。1981 年 5 月 29 日，宋慶齡因病在北京寓所逝世，享年八十八歲。

蔡鍔

蔡元培

杜月笙

蔣介石

周恩來

鄧小平

「 」的採訪

香港的一碗飯運動

記：宋女士，我是來自香港的記者，在此
先向你問好。

記：宋女士，我是來自香港的記者，在此
先向你問好。

宋：香港⋯⋯一個滿載我回憶的地方，我
曾經跟孫中山到過香港兩次，那處是風景
怡人和氣候溫和的好地方呀！

記：原來如此，你之後有再到香港嗎？

宋：有的，而且一住數年。

記：這次作客香港有甚麼特別的事？

宋：當時是抗戰時期，很多中國沿海城市已被日軍佔據，很難將軍用和民用物資運到內地呢！幸好香港當時還未淪陷，又是遠東的重要轉口港，所以我就在香港幫忙籌集物資呢！

記：應該要不少資金吧！錢從何來呢？

宋：當然是靠愛國人士的捐助，香港人出力不少呢。我記得最成功的是 1941 年的「一碗飯運動」。

我們當時準備發售餐券 1 萬張，每張港幣 2 元，其實那時候的 2 元已足夠到餐廳吃幾道小菜，但認購者只能持券到提供贊助的餐館吃炒飯一碗，這樣所得收入就用來救濟難民和傷兵。當年 7 月 1 日晚上，我在灣仔英京酒家，主持規模盛大的開幕典禮，之後運動得到香港各界積極響應，捐飯多達 2 萬多碗，形成全港上下爭吃愛國飯的情況。記得一位平日節儉的小販買了 5 碗，妻子兒女都吃了，雖然用去辛苦賺到的 10 元，但他說心裏非常高興，因為盡了中國人的責任。

記：身為香港人，我也覺得光榮，謝謝宋女士，採訪到此為止。

「」的鼓勵

—— 一個模範生的誕生

我自小就喜歡讀書，學業成績不錯呀！1907年我獲清政府選為四名留學美國的女生之一，成為中國史上第一批官費女留學生。我為此感到高興，因為證明了女性的智力絕不低過男性。

到達美國後，我刻苦求學，學習了法文和拉丁文，又要兼職家庭教師，幫補生計，但從未欠交功課。有空時，我會到小鎮的圖書館讀書，甚麼小說、歷史和人物傳記，我都不放過。

除熱愛閱讀，我也會投稿到學校的刊物，有時是政治評論文章，有時是散文，後來還做了校刊的編輯及文學社的幹事；至於活動方面，我加入了舞蹈戲劇學會和網球學會，這也許就今天香港人說的全人發展罷！為甚麼我這樣努力？我記得爸爸在出國前對我說：「妳到西方去不是要看外國風光，這是一條充滿荊棘的路。妳要準備付出代價，不管多麼艱苦，都不要放棄理想的追求。」

　　我追求的是甚麼？孫中山曾說過：「如果忘記了祖國，人生就再沒有意義。」我想你明白了吧！

宋慶齡

一代軍神

蔡鍔

1882 ~ 1916

「」的 CV

個人資料

蔡鍔

出生地：

湖南省寶慶府邵陽縣

（今邵陽市）

出生年份：

公元 1882 年 12 月 18 日

家人：

有一妻一妾，育有二子

四女，當中兩個女兒早死，另外二子二女

長大成人

 星座：

射手座，崇尚自由，生性樂觀，富正義感，

剛直忠誠，有遠大理想

個人喜好

喜歡的食物： 行軍時將吃剩冷飯放在盒中，餓時取食，能與士兵共甘苦，最好味

喜歡的顏色： 金黃色，代表上進心強，喜歡新事物

喜歡的事： 如獅子般勇猛，行俠仗義，救急扶危

討厭的事： 做事不用心，做人不盡責，做官不愛民

個人履歷

學歷：

考入時務學堂，跟從梁啟超學習；

日本陸軍士官學校第三期畢業，

成績名列前茅

蔡元培 杜月笙 蔣介石 周恩來 鄧小平

個人履歷

掌握技能：

騎術精湛，百發百中神槍手，擅長潛水和

游泳，也是單槓高手

治軍紀律嚴明，精通兵法戰略，後世稱為

「軍神」

活躍界別：

政治界、軍事界

工作經驗：

清朝末年 —— 　廣西、雲南新軍軍官

辛亥革命後 —— 　被推舉為雲南都督，統

　　　　　　　　領一方

民國成立後 —— 　任參政院參政、陸海軍

　　　　　　　　大元帥統率辦事處辦事

　　　　　　　　員、全國經界局督辦

個人履歷

傑出成就：

① 就讀日本陸軍士官學校，成績優異，與蔣方震、張孝準被譽為「士官三傑」。

② 著作《曾胡治兵語錄》被列為黃埔軍校必修教材，日本人視為中國史上十大兵書之一。

③ 組織護國軍，對抗有稱帝野心的袁世凱，捍衛中華民國，人稱護國大將軍，逝世後成為「民國國葬第一人」。

④ 與小鳳仙的故事成為後世影視作品鍾愛的改編對象，劉德華和劉松仁都曾經扮演蔡鍔。

蔡元培

杜月笙

蔣介石

周恩來

鄧小平

「　」的事跡

A1　歷史日報　　　　　　公元 1920 年 11 月 9 日

從窮小子到男子漢

　　蔡鍔生於一個貧苦的裁縫家庭，家中沒有錢買書，他就四處打聽誰家有書，即使數十里之外，他也要前去借閱；人家不願外借，他就把書抄下，或寫成讀書心得。

　　所謂功夫不負有心人，才華橫溢的蔡鍔十歲時被當地名士樊錐賞識，收為弟子。樊錐受維新思想影響，教蔡鍔要多讀史籍，學以致用，蔡鍔亦沒有辜負師恩，十三歲考中秀才，十六歲時以第三名成績考入長沙時務學堂，接受了老師梁啟超和譚嗣同等人的維新思想，彼此建立起深厚的師生情誼。

　　維新運動失敗後，時務學堂關閉，蔡鍔於 1899 年到日本留學，與恩師梁啟超會合，過着刻苦的留學生活。在梁啟超的協助下，蔡鍔入讀了東京成城學校（後改名振武學校），1903 年畢業後進入日本陸軍士官學校騎兵科，1904 年以第五名成績畢業。此時，蔡鍔已非昔日那個跳高跳遠都不及格的瘦弱小子，而是身體強壯、槍法神準、熟讀軍事理論、令日本師生刮目相看的七尺男兒。

投身革命洪流
初露執政才華

　　蔡鍔畢業歸國後，先後在不同地方擔任各種軍職，1906 年經黃興介紹加入同盟會（一說是另一革命組織興漢會），期間曾秘密運送軍火予革命黨人，支援黃興在鎮南關發動起義。1911年，他被調派到雲南出任軍官，不久武昌起義爆發，蔡鍔與革命黨人在 10 月 30 日（農曆九月初九）於昆明發動「重九起義」，一舉攻下昆明，蔡鍔被推舉為雲南軍政府都督。

　　起義成功後，蔡鍔一方面清除叛亂分子，維持社會治安，一方面建立廉潔高效率的政府，裁減冗員和士兵，改革教育制度，開發自然資源，令雲南成為西南各省之中的模範。

首經香港
上京智鬥袁世凱

　　1913 年國民黨宋教仁被人暗殺，孫中山與黃興發起二次革命，起兵對抗掌權的袁世凱，可惜因兵力不足而失敗。這時蔡鍔主張由法庭調查宋案，反對國民黨出兵，但又暗中調動軍隊，引起了袁世凱的懷疑。於是，袁世凱將他調至北京，蔡鍔在 1913 年 10 月離開昆明，先到越南，再經香港北上。到達北京後，袁世凱一方面許以高官厚祿，賜予昭威將軍的勛銜，加以籠絡，一方

蔡元培

杜月笙

蔣介石

周恩來

鄧小平

面派密探嚴密監視。

　　此時，袁世凱着手準備恢復帝制，為了爭取日本支持，竟然出賣國家利益，這一切堅定了蔡鍔反袁的決心。但為避免引起猜疑，蔡鍔公開與反對帝制的老師梁啟超劃清界線，說他是書呆子；又裝作沉迷聲色犬馬，流連北京的煙花之地，還結識了名妓小鳳仙，出錢替其贖身，令袁世凱疏於防範。

再經香港
赴雲南起兵衞國

　　據小鳳仙在 30 多年後的回憶，她早與蔡鍔約定，借屋中大排筵席、人來人往之日，請蔡鍔到房中小聚。之後蔡鍔假裝上洗手間，實際上坐上準備好的汽車直奔車站，逃到天津，再乘船到上海。由於他的外套和懷錶仍留在房中，未有引起跟蹤者的懷疑。

　　話說蔡鍔在日本小留數日後，暗中乘船經上海到香港，可惜行蹤泄露，袁世凱要求英國駐華大使下令香港警方攔截蔡鍔，香港警察早已在碼頭恭候。幸好，他的手下段承瓛和李根源在香港早作準備，身為革命黨成員的香港商人張木欣全力協助，蔡鍔才逃過各方耳目。他們叫蔡鍔在船上換了一身長衫馬褂，假扮成商人，易名蔡頌蓀。

　　下船之後，蔡乘坐張木欣準備的汽車，到他在上環開設的商鋪利源長行入住，

一天後再轉往雲南商人王愛
賢家中，逃避搜捕。為安排
蔡鍔儘快離開，張木欣答應
付出一萬元費用，請法國貨
船未上完貨就提早開行，將
蔡鍔送到越南港口海防。

　　經越南回到雲南後，他
立即發動護國戰爭，出師討
袁，屢戰屢勝，迫使袁世凱
取消帝制。不久，袁世凱在
各方壓力下，憂憤病死。但
這時蔡鍔因勞心勞力，喉癌
惡化，東渡日本治病，但醫
治無效，於 1916 年 11 月
8 日病逝於日本福岡，年僅
三十四歲。

蔡元培

杜月笙

蔣介石

周恩來

鄧小平

「　」的採訪

> **66** 蔡鍔與小鳳仙有一段情？ **99**

記：蔡先生，據說小鳳仙是北京的賣唱女，知書識禮，能閱書報，又協助你逃離北京，有民族大義，人們叫她京中名妓。她協助你逃離北京，跟你暢談革命理想，為你分析當時形勢，間接助你起兵反袁，我在電影看到你與她之間的一段情，真是感人呀！

蔡：唉……哪有此事！我心愛的是太太潘蕙英，我走進煙花之地，只為掩飾對付袁世凱的計劃，哪會有甚麼一段情！

記：那麼你從未結交小鳳仙？

蔡：那又不是。當時小鳳仙只有十五歲左右，我見她身世可憐，出錢為她贖身，讓她可以回到養母的唱戲班中。說起經常去跟她見面，那倒是有的，我有時教她讀書識字，有時跟她說說三國演義和水滸傳故事，教她一些做人道理。多到這些地方好，對迷惑袁世凱也有好處……

記：原來如此！那麼她稱不上是你的紅顏知己、革命鴛侶了！

蔡：她那時年紀太小了，對政治一無所知，又怎知道甚麼是革命，我和她又怎會像民間傳聞所說的心意相通？她又怎會教我假意沉迷酒色，等待時機呢？

記：傳說果然不可盡信，誇大渲染是少不免，但這為後世留下一個浪漫的故事，也不錯呀！

「」的鼓勵

—— 向你的弱點說再見

　　我在 1903 年 12 月 1 日進入日本陸軍士官學校騎兵科。起初梁啟超老師也不看好，因為我身體瘦弱，體能不算好，而日本陸軍士官學校一向以嚴格著稱，訓練非常艱苦啊！當時的日本人多數有自大自傲的心態，看不起我們中國人，處處歧視中國學生，要完成學業絕不容易呢！初入學時，學術科目如外語、測量、兵器學、戰爭史，還可以應付，但技藝方面就是不合格，滿江紅呀！體力不足，跳不高，走不快，單槓玩不好，怎麼辦？面對自己的弱點，有人會退縮，但我會勇敢面對它，改變它。為了不讓別人看輕，為了完成理想，我每天拚命苦練，長時間騎馬和游泳，鍛鍊體能，最終練成一身絕技，策馬奔馳時開槍百發百中，上馬時從馬後一躍而起坐上馬背，令日本師生大跌眼鏡，以第五名成績畢業。不經一番寒徹骨，哪得梅花撲鼻香，就是這個道理！

永遠的北京大學校長

蔡元培

1868 - 1940

「」的 CV

個人資料

蔡元培

出生地：

浙江紹興山陰縣人

出生年份：

公元 1868 年 1 月 11 日

家人：

一生曾經三次娶妻，

共有五子二女

星座：

摩羯座，為人穩健踏實，有意志力，

富責任感，胸懷大志

孫中山

宋慶齡

蔡鍔

蔡元培

個人喜好

喜歡的食物：	素食主義，不忍殺生啊
喜歡的顏色：	紅色，代表熱情、積極、有正義感
喜歡的事：	醉心美術，愛欣賞繪畫，閒來寫寫書法
討厭的事：	不平等，不自由，人們受壓迫，受不公平對待

個人履歷

學歷：

清末科舉考試高中進士，在 95 人中名列 37

德國萊比錫大學學習哲學、文學、文明史和民族學

德國漢堡大學專修民族學

個人履歷

掌握技能：

以理想建立制度，憑智慧管理機構，以勇氣帶領改革

活躍界別：

革命界、教育界、政治界

工作經驗：

1892-1898 年：清朝翰林院庶吉士、編修

1912 年：中華民國首任教育總長

1916-1927 年：北京大學校長

1928-1940 年：中央研究院院長

個人履歷

傑出成就：

① 中華民國首任教育總長，創立中國現代
教育制度，提倡美育、健康教育、人格
教育等教育新觀念。

② 籌設中央研究院，並任院長，建立中國
學術體制，稱得上學術界泰山北斗。

③ 曾任北京大學校長，使北大成為新文化
運動的搖籃，人稱「北大之父」。

④ 參與創辦國立音樂院（即現上海音樂學
院）及國立藝術院（即現中國美術學
院），是中國最早建立的高等音樂和美
術學府。

杜月笙

蔣介石

周恩來

鄧小平

「 」的事跡

A1　歷史日報　　　　　公元 1941 年 2 月 28 日

科舉高中 少年踏足香港

蔡元培父親任職錢莊經理，在他十一歲時因病早逝，故家境不算富裕，由勤儉持家的母親撫養成人。他自幼入讀傳統私塾，學習四書五經，十七歲時考中秀才，就在家中設書館教書授課，是他一生從事教育工作的開始。光緒十八年（1892年），二十六歲的蔡元培到北京參加科舉考試，取得進士資格，獲得清朝翰林院庶吉士一職。科舉高中後，他曾到廣州居住，當時他從上海乘輪船經香港，再進入珠江到廣州。

留港期間，他得到商人陳春泉的招待，住在上環文咸街十號一間名叫「元發行」的商店，曾為主人寫了一幅「遇事虛懷觀一是，與人和氣察群言」的對聯。當時陳春泉的兒子陳殿臣（後營商有道，獲選東華醫院總理）與蔡元培年紀相約，志趣相近，二人便結拜為兄弟。這是蔡元培人生中與香港的第一次結緣。

學習西方學問 投身革命運動

1894 年，甲午戰爭爆發，清朝慘敗，知識分子深受震撼，紛紛尋求救國方

法。蔡元培開始接觸西方學術，學習閱讀日本書籍，同情維新派，最佩服譚嗣同的為人。1898，維新運動失敗，他深感清朝腐敗無能，不再留戀翰林院的職位，返回紹興出任中西學堂監督，之後到各地出任不同的教育工作。1902 年，他在上海與章炳麟等成立中國教育學會，之後曾到日本短暫留學，又在上海創辦學社和刊物，提倡革命思想。1904 年，他決心走上革命之路，到上海與一群革命志士建立光復會，並出任會長，策劃武裝起義，以翰林的身份為掩護，參與暗殺組織，學習製造炸彈。1905 年，孫中山創立同盟會，蔡元培獲任命為上海分會會長，致力從事革命工作。

一展抱負
建設教育事業

蔡元培與革命黨往來，清朝對他的身份或有猜疑。1907 年，他在駐德公使孫寶琦資助下，從陸路經西伯利亞到德國留學。他在柏林學德語一年，之後到萊比錫大學修讀哲學、文學、心理學、人類學等課程三、四十種，可見他追求知識的熱情。

1911 年，辛亥革命爆發，四十多歲的他取道陸路回國，加入孫中山的南京臨時政府，獲任命為教育部長，為新時代的教育制度建設盡一分力。不久，他見總

杜月笙

蔣介石

周恩來

鄧小平

統袁世凱專制獨裁，上任不到半年便辭職離去。此後，他再到歐洲遊歷和學習，至 1916 年受聘為北京大學校長為止。

北京大學在他出任校長的十年間，逐步發展為學術為中心。他明確指出「大學為純粹研究學問之機關，不可視為養成資格之所，亦不可視為販賣知識之所」。他提出兼容並包，思想自由的辦學方針，行政上開創由教授自行管理學校的制度；教育上鼓勵學生組建社團；學制上推行學分制，打破學科界限，務求文理兩科兼通；學術上聘請不同背景的學者，設立研究所，創辦學術刊物，讓學術自由的風氣洋溢校園。因此，北京大學人才輩出，日後更成為新文化運動中心，五四運動的發源地。

之後一段時期，蔡元培把精力集中於籌建中央研究院等事務上，並出任中央研究院院長，專注於文化教育和學術研究事業的建設。

晚年香港養病
長眠香港仔

1937 年 7 月，盧溝橋事變爆發，抗日戰爭全面展開。11 月，他乘坐法國郵輪從上海到香港，原本是要轉往西南後方，但因年近七十，體弱多病，不堪長途跋涉，就在香港稍作休息，入住商務印書館宿舍。次年 2 月，他的太太周峻帶子女

來港團聚，舉家便遷往尖沙咀柯士甸道 156 號居住。蔡元培化名「周子余」，謝絕應酬，留港期間靜心養病，但仍讀書和寫作，同時主持中央研究院事務；間來曾遊覽過淺水灣、香港仔及沙田道風山等地。1938 年 5 月，他應邀出席由「保衛中國同盟」及「香港國防醫藥籌賑會」於中環聖約翰大禮堂舉行之美術展覽會，並在開幕禮上致辭，出席者還有當時港督羅富國，這次是蔡元培在港期間唯一一次的公開演講。

1940 年 3 月 3 日，蔡元培在寓所忽然口吐鮮血，失足摔倒，入住養和醫院，終在 3 月 5 日病逝。3 月 10 日，蔡元培舉殯，全港學校及商號均下半旗誌哀，遺體葬於香港仔華人永遠墳場，這位一代教育巨人從此長眠香江。

杜月笙

蔣介石

周恩來

鄧小平

「」的採訪

> ## 五四運動中的蔡元培

記：中國近代史上有著名的五四運動，作為歷史見證人，你可談談事件嗎？

蔡：想當年……是 1919 年，第一次世界大戰結束後，各國召開巴黎和會，英法等強國將戰敗國德國在山東的權益轉讓給日本。國人極度不滿，要求「外爭國權，內除國賊」，這就爆發了五四運動。

記：聽說當時有學生被捕呀！

蔡：是啊！北京大學學生知道巴黎和會的消息，號召各間大學舉行示威。5 月 4 日那天，3000 多名學生在天安門集會，之後遊行到趙家樓，那處是其中一個親日本官員曹汝霖的住宅，學生闖了進去，混亂中有人火燒曹宅。軍警到場鎮壓，逮捕了學生代表 32 人。

記：你是否支持學生這種行為？

蔡：他們行為未免過激，但都是出於愛國呀！

記：這些學生有判監嗎？

杜月笙

蔣介石

周恩來

鄧小平

蔡：我當時四處奔走，以身家作擔保要求釋放學生。最後政府在壓力下釋放了學生，我更率領全體師生親自迎接。

記：太好了！圓滿結束……

蔡：當然不是，我畢竟要負上責任，所以我早已遞交了辭職信，然後在 5 月 9 日離開北京。再者，我也不想再受當時上級官僚的意旨，我絕對不能再作不自由的校長。

記：那最後你有回到北大嗎？

蔡：由於北京各校罷課請願，要求政府請我回校，各大專學校校長向政府集體辭職，以示對我支持，我最終答允在 9 月重新執掌北大校政。

杜月笙

蔣介石

周恩來

鄧小平

」的鼓勵

—— 有心不怕遲的超齡大學生

　　我是傳統科舉出身，早年學習的是儒家經典、中國史書、詩詞文章等，但是中國當時面對西方強國的入侵，不變革便無法生存啊！所以我之後去過日本留學，但由於參加革命運動，半年後就回國，一直沒有學習的機會呀！不過，有心不怕遲，在四十歲那一年，我決心放棄在國內的一切事業（翰林院的工作）去德國唸書。那時，我要做一個超齡的大學生，但我不理別人的目光，原因很簡單，要救中國，就要豐富自己的學問。還有，我雖然得到駐德公使孫寶琦的資助，但我還要做家庭中文教師，並且為商務印書館編書、譯書，編著了《中國倫理學史》等一批學術書籍，才有足夠的學費和生活費，是半工半讀呢！雖然如此，我努力學習德語，並埋頭苦讀，每學期選 6 個選修科，三年選了約 40 科的課程，要儘量吸取知識。所謂書到用時方恨少，大家要像我一樣不怕艱苦，終身學習呀！

蔡元培

上海黑幫大佬

杜月笙

1888 - 1951

「 」的 CV

個人資料

杜月笙

出生地：

江蘇省上海浦東高橋鎮

（今屬上海市浦東新區）

出生時間：

公元 1888 年 8 月 22 日

家人：

小弟乃多情種，先後與五位女性結過婚，

最後一位是京劇演員孟小冬

星座：

獅子座，有權威感和支配能力，具王者風

範，有自信，組織力強，人緣好，但有時

傲慢和專制

個人喜好

喜歡的食物： 做人要吃三碗麵，一是情面（講人情），二是人面（交朋友），三是場面（重排場）

喜歡的顏色： 黑色、紅色

喜歡的事： 大排筵席，請客吃飯

討厭的事： 被人當尿壺，用完了就一腳踹進牀底下去

個人履歷

學歷：

我輩行走江湖，可以不識字，但不能不識人

掌握技能：

英雄不怕出身低，要有膽識和智慧

個人履歷

活躍界別：

黑社會、政界、商界、特務界

工作經驗：

小孩子時代 —— 水果店店員

青年時代 —— 黑幫會員，包娼庇賭，

　　　　　　　走私販毒

壯年時代 —— 上海大亨，政商名流

傑出成就：

① 掌握上海黑幫，人稱上海皇帝。

② 手下無數，控制上海法租界黃賭毒，

　　成立自己的幫會「恆社」。

③ 躋身工商界，開設銀行，並出任中國紅

　　十字會副會長。

④ 事跡被大量影視作品改編，老版《上海

　　灘》電視劇裏許文強和丁力的故事就參

　　考了小弟的生平。

「」的事跡

中國版教父
—— 上海青幫大亨

1888 年，杜月笙生於上海。他的父母早逝，十四歲即到水果店當學徒，學得一手削梨皮的絕技。他後來叫老闆把賣不去的爛生果送給他，然後把沒有爛的削好，一片一片地出售，利潤不少，足見他營商的智慧。為了出人頭地，杜月笙在 1911 年加入幫會，拜入了青幫大頭目黃金榮的門下，從事販毒等非法勾當，成了黃金榮手下的得力助手。有一次黃金榮得罪軍閥盧永祥而被捉，杜月笙親自到督軍府進行談判，彼此化敵為友，自此更受黃金榮賞識。1925 年，杜月笙、黃金榮和張嘯林合夥開設三鑫公司，壟斷上海包括法租界在內的鴉片生意，最高時期一年收入近六千萬大洋，相當於今日二十多億港元。因此，三人並稱上海灘三大亨，坊間有「黃金榮貪財，張嘯林善打，杜月笙會做人」的說法。

又黑又白
—— 變身政商名流

杜月笙外表文質彬彬，愛穿長衫，手執小扇，一副書生樣子，故人稱呼他「杜先生」，在政商界長袖善

蔣介石

周恩來

鄧小平

舞，甚吃得開。據說蔣介石早年未發跡時，在上海曾經由友人引薦見過杜月笙，遞過「紅帖子」加入青幫當杜月笙門生，兩人關係非比尋常。1927 年，杜月笙協助蔣介石奪權，誘殺上海共產黨工人領袖汪壽華，指使流氓鎮壓工人糾察隊，建功立業。此後開設中匯銀行，成立自己的幫會組織「恆社」，出任上海市地方協會會長、中國通商銀行董事長等職，響應國民黨的新生活運動，取得崇高社會地位。

天下興亡匹夫有責 —— 參與抗戰的 特務頭子

1937 年日軍侵華，杜月笙積極參與抗日。日軍進攻上海時，他動員恆社門生組成過萬人的抗日游擊隊（忠義救國軍）協助國軍作戰；又從事特務工作，利用自己的手下及朋友，暗中幫助國民黨特務組織「軍統」收集情報和招收人員；並捐出大量物資，如曾向共產黨八路軍捐贈荷蘭進口的防毒面具 1000 套。作為黑社會頭子，他還發揮個人強項，協助特務頭子戴笠策劃多次暗殺行動，當中就包括刺殺準備跟日本合作並出任浙江省長的另一青幫頭子張嘯林。

1938 年，杜月笙離開盤踞了三十年的大本營上海，南下香港，國民黨每月撥出經費，資助他在香港進

行抗日活動。當時，杜月笙居於九龍柯士甸道，經常在全港最豪華的告羅士打酒店（置地廣場現址）招待政商各界。杜月笙表面上以中國紅十字會副會長的身份活動，統籌國民黨中央賑濟委員會工作，實則是蔣介石駐港總代表，負責接收和轉運外地資助抗戰的物資和款項。當然，他也從事情報工作，最成功一役是國民黨第二號人物汪精衛投降日本，杜月笙在港策動汪的手下陶希聖和高宗武叛變，重投抗戰陣營。1941 年 12 月，日軍進攻香港時，杜剛巧到重慶開會，逃過一劫，就此結束他在香港近四年的「特務」生涯。

晚年退隱
魂斷香港

抗日戰爭勝利後，杜月笙獲委任為江浙行動委員會主任，重回上海，再成為社會名人。據說當時杜月笙掛上各大小機構的董事長和理事長名銜就有七十多個，後更被選為上海市參議會議長。可惜好景不常，國民黨在國共內戰不斷敗退，抱病在身的杜月笙於 1949 年逃到香港，居於堅尼地台 18 號，在港期間與京劇藝人孟小冬結婚。1951 年 8 月 16 日，杜月笙哮喘病惡化，病逝香港。

蔣介石

周恩來

鄧小平

「」的採訪

> ## 許文強就是杜月笙？

記：今天的受訪人物是杜月笙。杜先生你好！我很喜歡看電視劇《上海灘》，聽說周潤發扮演的許文強就是老哥你本人，所以對你的生平事跡很感興趣！

杜：哈哈，發哥英俊瀟灑，如果說許文強就是小弟，真是最好不過。不過，小弟自幼家貧，書沒讀過多少，發哥在上海灘扮演的許文強是燕京大學畢業生，又怎會與我相似？

記：才不是呢，你這位上海教父，出入黑白兩道，遊走於商界、軍界與政界，又搞金融和新聞報業，與許文強好相似呢！

杜：喔？有這回事？其實同劇的另一主角丁力不是更像小弟嗎？他目不識丁，自幼居於貧民區，父母早死，家中只有外婆。他還是賣梨的小販……這不是我的影子嗎？

記：哎，你說得對，說得對。差點忘記杜先生你第一份工作就是在生果店，練得一手絕活兒，就是削梨皮一刀到底，梨皮不斷，一圈一圈的非常漂亮。說來又好像是丁力替身……

杜：嘿嘿，所以小弟老老實實告訴你，《上海灘》編劇所寫的丁力和許文強都是我，許文強是我一半的人生，丁力呢，就是另一半。

「😊」的提醒

　　我自幼家貧，十四歲被迫到社會工作，身無長技，為了謀生只得加入青幫，也就是今日所說的黑社會。我壞事做盡，成名後雖然發財立品，做過一些好事，但始終是毒犯一名。大家不要見我叱吒風雲，外表是政商名流，出入高級場所，所謂善惡到頭終有報，我晚年都算是有報應的。我販賣鴉片為生，最終自己都吸食了鴉片，毒癮好深呀！後來國民黨搞「新生活運動」，要改變中國人種種壞習慣，我為了響應，就戒了鴉片煙。不過，長年吸食毒品，弄壞了身子，年紀大了，又有哮喘病。唉……我晚年經常要用輪椅代步，出入要隨身攜帶氧氣筒，要多位醫生輪流診治，拿藥當飯吃，慘情呀！今日你們香港人的政府，有宣傳說「吸毒害人，影響一生」，就是這個意思。

杜月笙

叱吒風雲

蔣介石

1887 - 1975

「 」的 CV

個人資料

蔣介石

出生地：

浙江省奉化

出生時間：

公元 1887 年 10 月 31 日

家人：

先後有四位妻妾，原配毛福梅，生子蔣經國；後納姚冶誠為妾，照顧養子蔣緯國（一說為蔣介石與日本女看護所生）；之後與陳潔如結婚；1927 年登報聲明：「毛氏髮妻，早經仳離；姚陳二妾，本無契約」後，與宋美齡結婚

個人資料

星座：

天蠍座，個性強悍而不妥協，有責任感，

組織力強，大膽積極，屬於敢愛敢恨的人

個人喜好

喜歡的顏色：	藍色，代表忠誠、智慧、團結
喜歡的事：	統一全國，建設國家，振興中華
討厭的事：	沒有紀律，自制力低
晚年愛好：	看電影，聽音樂，遊山玩水
平日飲食：	多喝白開水，不喝冷飲，喜歡家鄉江浙小菜

個人履歷

學歷：

入讀保定軍官學校，後留學日本，畢業於

日本振武學校

掌握技能：

領導才能卓越，政治手腕高明，

做事敢作敢為

活躍界別：

政治界、軍事界

工作經驗：

青年時代	——	以留學生身份，
		從事革命活動
壯年時代	——	黃埔軍校校長、
		國民黨領袖
晚年時代	——	中華民國總統、
		中國國民黨總裁

個人履歷

傑出成就：

① 帶領國民黨領兵北伐，結束軍閥混戰，統一中國。

② 二次大戰時期盟軍中國戰區最高統帥，帶領中國成為世界四大強國之一。

③ 中華民國及中國國民黨的重要領導人之一。

④ 現代大量以中華民國為主題的影視作品，記述他的生平事跡。

周恩來

鄧小平

「」的事跡

A1　歷史日報　　　　　公元 1976 年 10 月 10 日

留學日本
初露英雄本色

　　要數中國現代史上風雲人物，必定少不了集黨政軍大權於一身的蔣介石。蔣介石生於富裕的商人家庭，自幼入讀私塾，誦讀四書五經，深受傳統中國文化影響。成年後，他決心學習西方學問，先入讀軍事學校，再獲選為官費留日陸軍學生，東渡日本，就讀於東京振武學校，1909 年畢業後加入日本野炮兵團隊實習。留學期間，他經同鄉好友陳其美的介紹，加入同盟會，參與革命活動。1911 年，武昌起義後，他回到上海，加入陳其美率領的部隊，曾經帶領敢死隊百餘人進攻浙江杭州，俘虜清朝的巡撫，立下奇功，獲委任為軍團團長。

投身革命
多次結緣香港

　　1913 年，袁世凱暗殺國民黨宋教仁，孫中山發動「二次革命」，討伐袁世凱，蔣立即出兵響應，但國民黨兵力薄弱，節節敗退。孫中山逃至日本，決心改組國民黨為中華革命黨，希望東山再起，蔣介石此時也到日本追隨孫中山。1916 年，袁世凱稱帝失敗，不久因病死

去，他手下的北洋軍閥，立即各據地盤，展開混戰。為完成全國統一大業，拯救辛亥革命的成果，孫中山改組中國國民黨，又在南方建立根據地，聯合一班南方軍閥，出兵北伐。在此期間，蔣介石先在上海從事證券買賣，為革命籌措資金，又奉孫中山命令到廣州作軍事準備。蔣介石在往返家鄉、上海和廣州時，多次途經香港，在此結識不少朋友，在香港留下不少足印。

統一全國
晉身國家領導層

1922 年，廣東軍閥陳炯明叛變，孫中山乘永豐艦逃至上海，蔣介石不畏艱險，登艦護送，取得孫的信任和器重。1924 年，國民黨與共產黨合作後，得到來自蘇聯的援助，建立著名的黃埔軍校，校長一職由蔣介石接任。此後，蔣介石在黨內地位不斷提高，在孫中山逝世後，晉身最高領導層。蔣介石領導軍校官兵統一廣東後，在 1926 年就任國民革命軍總司令，誓師北伐，幾過多年努力，終於平定各路地方軍閥，統一全國。國家統一後，蔣介石一方面推行各種建設，鞏固國家力量，一方面應付內戰和外患，既用兵對付佔據江西的共產黨游擊隊，又要面對步步進迫的日本侵略大軍。

1937 年 7 月 7 日，盧溝橋事變發生，抗日戰爭全

周恩來

鄧小平

面展開，蔣介石在江西廬山發表談話，誓言「地不分東南西北，人不分男女老幼，皆有守土之責」，帶領全國人民展開抗日之戰。1941年，佔領中國東南沿海主要地區的日軍仍不滿足，決定進軍東南亞，並偷襲美國珍珠港，阻止美軍增援太平洋各國，第二次世界大戰正式爆發。此後，中國與美英等同時向日本正式宣戰，中國成為同盟國成員之一，蔣介石獲委任為盟軍中國戰區（包括越南、泰國等）陸空軍最高統帥。

誓言收回香港
遺憾心願未了

二戰初期，中國軍民面對日軍的經濟封鎖，孤軍奮戰，多次重創日軍，對日本構成很大的牽制，令美、英可以先集中力量於歐洲戰場。中國國際地位因此大幅提升，美英等國在 1942 年宣佈廢除清朝以來的不平等條約。

就在此時，蔣介石有意收回割讓予英國的香港，但被英國一口拒絕，中國政府只得在簽訂協議時特別聲明日後討論香港主權問題的權利。1943 年，中、美、英三國首腦在開羅舉行會議，商討戰後如何重建世界秩序。蔣介石再次向英國提出戰後收回香港的要求，且得到美國總統羅斯福表態支持。奈何英國首相邱吉爾堅決拒絕，甚至說「除非從

我的屍體上踏過去，否則休想把香港從大英帝國分離出去！」雙方不歡而散。

1945 年，日本戰敗投降，香港理應為中國接收，但英國一意孤行，決意重佔香港，宣稱英國在香港擁有主權，又命英國海軍趕赴香港，以製造既定事實。蔣介石也不甘示弱，命中國軍隊集結於寶安，準備進入香港接受日本投降。可惜支持中國收回香港的羅斯福已經病逝，接任的杜魯門總統為討好盟友，決定讓英國接受香港日軍投降。國民政府為維持與美國友好關係，被迫妥協。蔣介石三次要求收回香港，均無功而還，最終只換來國民政府代表出席香港受降典禮的安排。

抗日戰爭結束後，國民黨和共產黨爆發內戰，國軍節節敗退，蔣介石唯有撤離中國大陸，將國府遷移到台灣。直至 1975 年 1 月 9 日逝世為止，蔣介石都未再踏足中國內地。

周恩來

鄧小平

「」的採訪

蔣介石的黑色披風

記：蔣介石先生，從歷史書看到，在第二次世界大戰期間，你多次想收回香港，這是否因為你對香港有特別的感情呢？

蔣：當然不是。國土落入外國手中，凡我中華兒女都想光復呢！可惜⋯⋯ 都不成功。不過，香港這地方，我倒是熟悉的。

記：你曾經親身到過香港？

蔣：在革命期間，我經常往返浙江家鄉、上海和廣州，多數是坐輪船的，途經香港很多次呀！

記：你有上岸遊玩嗎？

蔣：當然吧！我會入往香港酒店，也在香港結識不少朋友。

記：請問印象最深刻的一次是⋯⋯

周恩來

鄧小平

蔣：嗯……好像是 1923 年，我與陳潔如結婚後，曾乘汽輪從廣州到香港遊玩，我的朋友李時敏接待我，入往他在羅便臣道的家中，我們到過赤柱遊玩，見過香港名人周壽臣夫婦。回程之時，我對送行的英國督察所穿的全身無袖披風非常喜愛，潔如還立即託人在香港訂製。

記：我在歷史照片常看見你穿上這件筆挺的黑色披風，有人甚至視它為你衣着的標誌，原來是來自香港的禮物。請恕我無禮，你和陳潔如那麼恩愛，為何之後會分手收場？

蔣：唉……後來我要跟宋美齡結婚，她出身自虔誠的基督教家庭，要一夫一妻，我只好結束與潔如的關係。

記：原來如此！陳潔如之後去了美國，其後隱居上海，晚年在周恩來總理的安排下，去到香港定居，住在九龍窩打老道，1971 年中風去世。這也是蔣先生你跟香港最後的一段緣呢！

「😠」的鼓勵

—— 民族大義為先

我國民黨自 1949 年退守台灣之後，與共軍多次戰鬥，最著名的是金門炮戰，大家打打停停多年了。其實自 1927 年國共分裂後，雙方經歷了兩次內戰，有數不盡的恩恩怨怨。話雖如此，大家都是中國人啊！當國家遇到外敵入侵，中華民族受到考驗的時候，民族大義就先於政黨和個人的恩怨。大家記得 1974 年嗎？南越海軍侵佔中國南海西沙群島，並與守島民兵發生衝突。共產黨的海軍為了快速增援，幾艘戰艦要通過台灣海峽。有將領問我要否攔截，我說：「你不知道西沙吃緊嗎？」於是，我軍在福建的海上部隊都撤到台灣海峽中線以東，算是放行吧！一致對外嘛！在維護國家領土和主權完整面前，要講民族大義啊！

蔣介石

你好！總理！

周恩來

1898 - 1976

周
恩
來

鄧
小
平

孫中山

宋慶齡

蔡鍔

蔡元培

杜月笙

蔣介石

周恩來

 「」的 CV

個人資料

周恩來

出生地：

江蘇省淮安市淮安區

出生年份：

公元 1898 年 3 月 5 日

家人：

妻子鄧穎超，婚後無子

女，收養義子及義女

星座：

雙魚座，心地善良，有捨己助人的奉獻精

神，為人仁慈、和善、寬厚

個人喜好

喜歡的顏色：	紅色，代表熱誠、積極、動力
喜歡的事：	默默耕耘，為人設想；交朋結友，求同存異
討厭的事：	搶功勞，爭鋒頭，自私自大
平日飲食：	飲食簡單，唯一的喜好是喝點酒，最常喝茅台

個人履歷

學歷：

有人以為我未讀過大學，錯，其實我曾入讀天津南開大學，但未畢業

有人說我留學時未入過大學，對，我留歐四年專心搞革命，沒有讀大學

鄧小平

孫中山

宋慶齡

蔡鍔

蔡元培

杜月笙

蔣介石

周恩來

個人履歷

掌握技能：

組織力強，幽默機智，能言善辯

活躍界別：

政治界、外交界、軍事界

工作經驗：

青年時代 ——	以留學生身份，宣揚共產主義，做革命家
革命時期 ——	當共產黨領導，參與國共內戰，投入抗日戰爭
建國以後 ——	出任中華人民共和國總理、外交部長，建設國家

個人履歷

傑出成就：

① 出席國際會議，奠定中國大國地位，
　 一代知名外交家。

② 中華人民共和國重要領導人之一，
　 為國為民，成為受人景仰的「宰相」。

③ 現代大量以中華民國及中華人民共和國
　 為主題的影視作品，記述其生平事跡。

鄧
小
平

「」的事跡

A1　歷史日報　　　　　　公元 1980 年 3 月 4 日

自幼品學兼優 投身學運

　　要數中國現代史上鞠躬盡瘁的「宰相」，相信不少人都會想起周恩來總理。

　　周恩來自幼努力學習，立志振興中華，1913 年以優異成績入讀天津南開學校，被校方稱讚有「宰相之才」，成為校內唯一獲豁免學費雜費的學生。1917 年，周恩來留學日本，但因家庭經濟困難，又遇上學生反北洋軍閥賣國的運動興起，他毅然回到天津，報考了南開學校大學部，成為該校第一期學生。

　　不久，五四運動爆發，周恩來積極投身這次波瀾壯闊的學生運動，外爭國權，內除國賊，曾經因為到政府機構請願，被員警拘捕，坐牢半年，學校被迫開除周恩來學籍。

留學歐洲 初踏香港土地

　　1920 年 11 月，二十二歲的周恩來獲資助乘波爾多斯號赴法國勤工儉學。這艘法國郵船曾在香港停留一夜，是周恩來人生中第一次接觸香港。到達法國後，他在 1921 年建立巴黎共產主義小組，參與發起成立中國共產黨，期間又在巴黎結識

了鄧小平，二人從此成為了好友兼革命夥伴。此時，為加強實力以對抗北洋軍閥，孫中山決定讓國民黨與共產黨合作，以便獲得蘇聯的援助，建立革命軍事力量。1923 年，周恩來在巴黎以個人身份加入國民黨，然後返國投身國共合作的事業。就在 1924 年返國途中，他乘船途經香港期間，曾到香港大學探訪天津南開學校的同學石志仁，目睹英國國旗在香港飄揚，他對老同學說：「將來革命成功了，國家強大了，我們一定收回香港！」

再到香港
生死一線之間

　　回國之後，周恩來出任黃埔軍校政治部主任，與蔣介石等領導軍校師生統一廣東，出兵北伐，打倒各地的軍閥。在節節勝利之際，以蔣介石為首的國民黨領導層，在 1927 年發動清黨，並在上海等地拘捕和處死共產黨人，國共合作宣告破裂。其後周恩來與朱德等在南昌發動武裝起事，可惜兵力不足，被迫撤退。連場激戰，周恩來退到廣東時，操勞過度，患上瘧疾，高燒昏迷，病情危急，只能勉強答應乘船到香港就醫。當時，他在油麻地租了一套豪宅，周恩來扮成上海富商「李

鄧小平

老闆」，中共還派了一名二十二歲姑娘范桂霞扮成「李太太」，對他悉心照料。

出任總理
建設現代國家

病癒之後，周恩來重新投入工作，在 1928 年 3 月奉命到香港主持廣東省委擴大會議，這也是他最後一次踏足香港土地。逗留一個多月期間，中環、上環、九龍等地都留下他的足跡，完成任務後他即離港返回上海。之後，周恩來進入中央革命根據地，領導游擊戰，成為最高領導人之一。

1937 年，抗日戰爭爆發，國共展開第二次合作，一致抗日。經歷八年艱苦的抗戰，日軍在 1945 年 8 月無條件投降，但國共兩黨關係迅即惡化，先是兩黨軍事衝突接連發生，之後發展成全面內戰。

1949 年，國民黨敗退台灣，中華人民共和國成立。此後，周恩來一直擔任國務院總理，並兼任外交部長，處理國家日常大小事務，發展國民經濟，為建設現代化中國而努力。

九霄驚魂
香港間諜大戰

雖然 1928 年後周恩來未再來港，但不代表他與香港絕緣。1955 年，傳媒突然發佈周恩來的死訊，全球一片嘩然，查證之後，原來

並無此事，但背後竟涉及一場間諜大戰，而發生地點就在香港。

　　1955 年，以周恩來總理為首的中國代表團準備經香港啟德機場，前往印尼萬隆參加國際會議，乘坐的是印度航空公司一架包機「克什米爾公主號」。4 月 11 日，飛機從香港出發，飛至馬來西亞上空時突然爆炸，除 3 名機員外，全機乘客和機組人員罹難。原來國民黨情報部門早已收到周恩來在香港轉機的消息，便派出特工以港幣 50 萬元收買香港機場清潔工周駒，暗中把計時炸彈放置機上。周駒之後逃到台灣，炸彈也準時爆炸，但周恩來早已收到情報，並通知港英政府留意飛機在啟德機場停留加油時的安全，但始終百密一疏。幸好周恩來為策萬全，臨時改變行程，乘另一班飛機到仰光去，才避過殺身之禍。

鄧小平

「」的採訪

孫中山

宋慶齡

蔡鍔

蔡元培

杜月笙

蔣介石

周恩來

> **維持香港現況，不立即收回香港**

記：周恩來總理，你曾經多次來港，對這地方有感情嗎？

周：當然有吧！我在 1927 年到香港醫病，當時假裝成我太太的范桂霞，在事隔 26 年後，即 1953 年，我曾在中南海西花廳跟她見面和道謝呢！

記：周總理果然是有心人啊！既然你一直心繫香港，又曾感歎香港落入英國人手上，為甚麼 1949 年建國後不收回香港呢？

92

周：年輕人，你有所不知。當時我和毛澤東主席在新中國成立前夕，就曾考慮過這問題，最後得出「維持現狀，充分利用」的方針。

記：利用香港？這是甚麼意思？

周：我們不去解放香港，把香港留在英國人手裏，有很多好處。一方面可以用香港牽制英國，使英國不敢緊跟美國對華的敵對政策；另一方面可以借助香港與世界溝通，讓香港成為中外經濟文化交流的窗口。當時是冷戰時期，美國要孤立中國啊！

記：原來如此！

鄧小平

「」的鼓勵

—— 人民不會忘記

後世不少評論，說我愛民如子，我哪敢當，這說法太誇張了，我只是盡忠做事，關心人民罷了。就談香港制水問題吧！年輕的朋友，可能不知道香港地少人多，食水不足問題嚴重。上世紀60年代中期，香港連續幾年大旱，水塘貯水量少之又少，僅夠供應43天的用量，最嚴重時每4天才供水4小時，一盆水供一家人輪流洗澡，留下的污水洗衣服，最後沖廁，你能想像當時的困境嗎？我知道後，認為國家應做些事幫助香港同胞，都是中國人民呀！我親自到了廣州，希望大家儘快配合，撥出專款3,800萬元，以11個月高速建成東深供水工程，1965年3月1日起正式開始向香港供水。我這樣做只是關心香港同胞，盡一盡力而已，何足掛齒。

左側：孫中山 宋慶齡 蔡鍔 蔡元培 杜月笙 蔣介石 周恩來

改革開放總設計師

鄧小平

1904 - 1997

「」的 CV

個人資料

鄧小平

出生地：

四川省廣安協興鄉姚坪里

（今協興鎮牌坊村）

出生時間：

公元 1904 年 8 月 22 日

家人：

一生結婚 3 次，首任妻子張錫媛於 1930

年難產早逝，與第二任妻子金維映於

1933 年離異，跟第三任妻子卓琳於 1939

年結婚，育有五名子女

 星座：

獅子座，具有權威，有王者風範，寬宏大

量、樂觀自信，組織力強

個人喜好

喜歡的食物： 四川家鄉菜，像回鍋肉、扣肉、泡菜；愛喝綠茶，特別是龍井

留學法國五年，也愛上法式牛角包、葡萄酒和咖啡

喜歡的顏色： 不理黑色還是白色，都是好顏色

喜歡的事： 打橋牌，游泳，看足球

討厭的事： 被迫做不願意做的事

個人履歷

學歷：

小學畢業後，就到法國留學，上過夜校學法語或中學課程

個人履歷

別號：

油印博士（年輕留法時負責印刷宣傳品，表現出色）、小鋼炮（留學俄國時作風敢言善辯）、鋼鐵公司（毛澤東讚賞立場堅定）、煉金術士（外國記者讚賞改革開放點石成金）

掌握技能：

有辯才、擅思考、高逆境智商

活躍界別：

政治界、軍事界

工作經驗：

孩童時代 ── 搞學問，讀好書

青年時代 ── 搞革命，做大事

壯年時代 ── 搞軍事，打大仗

搞建設，搞經濟

晚年時代 ——　搞改革，搞開放

傑出成就：

① 國共內戰時，一場淮海戰役，打敗數十

　萬敵軍。

② 文化大革命時，下放江西勞改，與一家

　人同甘共苦。

③ 改革開放時，以七十三歲高齡復出，

　帶領十億人脫貧。

「」的事跡

A1　歷史日報　　　　　公元 1997 年 7 月 1 日

個子不高志氣高 留學法國

鄧小平於 1904 年生於四川一個家庭，高級小學畢業後，到重慶一所赴法留學預備學校就讀，年僅十五歲的他成為了班上年齡最小的學員。1920 年，他和另外 85 名學員乘坐輪船從上海出發，到法國半工半讀，實踐「實業救國」理想。鄧小平先後在法國各地多間工廠任職，有時會上夜校學習法語或中學課程，期間結識了不少在法國留學的中國共產主義者。據當時工廠領導的評價，年紀輕輕的鄧小平已流露出敢於抗爭和擇善固執的精神。1922 年，鄧小平在巴黎加入中國少年共產黨（後改名旅歐中國共產主義青年團），擔任《少年》（後改名《赤光》）編輯，不久更被選為青年團領導，和周恩來等人合作。留法五年之後，他愛上法式牛角包、葡萄酒和咖啡，更喜歡看足球比賽，有時為購買入場券會節衣縮食呢。

軍事家在此 誰敢匹敵

1926 年底，鄧小平回國參加革命活動。第一次國共合作破裂後，他改名「鄧小平」，以便進行地下活

動。此後，鄧小平帶領部隊參與多次軍事行動，期間雖經多次挫敗，更一度在黨內權力鬥爭中失利，被關進拘留所，妻子金維映（第二任）要跟他離婚，是為人生中第一次下台，但他仍堅持不懈，在毛澤東和周恩來的推薦下，東山復出，並奮發向上，終於和劉伯承帶領八路軍 129 師（後來改稱第二野戰軍、中原野戰軍），參與抗日戰爭和國共內戰，人稱「劉鄧大軍」，留名史冊。

三上三落
堅忍不屈

1949 年，中華人民共和國成立，鄧小平先後擔任多個政府的重要職位，為國家建設盡心盡力。1952 年鄧小平被調派北京，全家住進中南海；1955 年增補為中共中央政治局委員，進入最高領導層。1958 年鄧小平成為中共總書記，掌握推動各種政策的實權。1960 年起，鄧小平和國家主席劉少奇針對「大躍進」的錯誤，整頓國民經濟，與毛澤東關係開始破裂。1966 年毛澤東發動文化大革命，從劉鄧手上奪回權力，鄧小平被打倒，被指為「第二號走資派」，後來更被解除一切職務，下放到江西一個拖拉機廠勞動，是他一生中第二次的下台。後來，總理周恩來身體每況愈下，毛澤東重新起用鄧小平，擔任副總理一職，但他進行了一系列糾

孫中山

宋慶齡

蔡鍔

蔡元培

杜月笙

蔣介石

周恩來

鄧小平

正文革的政策，引起毛澤東的不滿，成為他一生中第三次下台的導火線。1976年，毛澤東逝世，文化大革命結束。中共決定恢復鄧小平中共中央副主席、國務院副總理等職，人生中第三次在下台後復出。

改革開放
收回香港

1978 年，中共十一屆三中全會上，鄧小平接管中國領導權。作為改革的「總設計師」，他改變毛澤東以階級鬥爭為綱的路線，把全國工作重點轉移到經濟建設上，提出「本世紀末達到小康社會水平」的目標。他推行的經濟改革從農村開始，把原本屬於「人民公社」的土地，分給農民自主生產和經營；又主張對外開放，引進海外資金和技術，建立經濟特區，加速中國現代化。之後，他提出了「一國兩制」的構想，作為解決香港、澳門及台灣問題的方案。1982年，英國首相戴卓爾夫人訪華，與鄧小平展開對香港前途問題的討論，鄧小平明確表明要收回香港主權。中英兩國經多輪談判後，於1984 年 12 月 19 日，正式簽署《中英聯合聲明》，規定中國將在 1997 年 7 月 1日正式收回香港。1997 年香港回歸祖國之時，鄧小平本有意到港見證其事，可惜於 1997 年 2 月 19 日逝世，未能完成此心願。

「 」的採訪

> ## 我與香港的一段緣

記：今天的受訪人物是鄧小平。小平伯伯你好！我是來自香港的記者，對你跟香港的淵源很感興趣，未知你是否來過香港呢！

鄧：香港當然來過，第一次在 1920 年 9 月，我當時十六歲，要遠赴法國勤工儉學，所乘輪船鴦特萊蓬號從上海出發，於 9 月 14 日到達香港。郵輪在港停留了一天。

記：你有沒有上岸參觀呢？

鄧：陳年舊事，不記得啦！所以各種文獻都未有記載，找到答案就算你有本事。不過，之後還來過香港四次，都有踏足香港的土地。

記：你這樣也算是與「港」有緣呀，有沒有到過甚麼香港名勝古蹟遊覽？

鄧：哪會有空遊山玩水？我連香港有哪些地方都不知道！當時香港處於英國殖民統治，方便我們進行地下工作。記得 1929年 7 月我人生中第二次到港，當時國共分裂後，共產黨展開武裝抗爭，我途經香港到廣西策動起事。為掩人耳目，我化名「鄧斌」，留港期間住在一間旅店，曾到鳳凰台（即今灣仔胡忠大廈的後面），與在港的廣東省軍委書記聶榮臻、中共南方局書記賀昌等人聯繫。

記：哎，真可惜！那麼之後的三次有去過甚麼地方？

鄧：都是來去匆匆，哪有空閒？這三次到港是 1929、1930 和 1931 年，多是途經香港往來廣西和上海之間。第四次時通過中共在港人員，找到正在香港建立秘密電台的李強，我還托他代為埋葬早前難產而死的第一任妻子張錫媛。第五次來港時曾喬裝為商人由廣州取道香港坐船到上海。

記：搞革命果然不是請客吃飯，不是繪畫繡花。小平伯伯辛苦了。

「」的鼓勵

── 永遠打不倒的小個子

歷史上，哪有政治人物像我一樣三次被打倒又三次東山復出？我的女兒鄧榕在回憶錄中寫道：「即使在最黑暗的日子裏，父親也從未放棄和絕望。」還記得第一次被打倒是 1933 年，我當時支持毛澤東的鬥爭方針，與當時黨中央的路線有異，遭到批鬥，一度被關進監獄，之後出任一些閒職。第二次是 1966 年文革開始，我與劉少奇推動經濟建設，竟被指為「走資派」，失去一切職務。1969 年我被下放到江西拖拉機廠勞動改造，期間不准與人交談，只與妻子和母親相依為命，心情當然不好。我當時六十五歲了，每天從工廠下班後，負責家中的粗活，如拖地板、劈木柴、砸煤塊等，生活挺充實。我們這輩的人見慣風浪，小小苦楚等於激勵。1973 年，我獲准復出工作，但因整頓「文化大革命」的錯誤，1975 年底再次被打倒。幸好我被押走前，女兒偷偷放了

一副撲克在我口袋，可以自己跟自己打牌，直到
1977 年 7 月的中共十屆三中全會前夕才獲得第三
次復出機會。

　　　── 事跡記載於鄧榕《我的父親鄧小平》

鄧 小 平

「」與港淵源

鄧小平五次到港

	背景	在港活動
第一次	1920年9月，十六歲的鄧小平遠赴法國勤工儉學。所乘輪船鴦特萊蓬號從上海出發，於9月14日到達香港。	郵輪在港停留了一天。但他有否下船參觀，文獻未有記載。
第二次	1929年7月，國共分裂後，共產黨展開武裝抗爭，鄧小平被派往廣西策動起事。他從上海出發，途經香港到廣西。	當時他化名「鄧斌」，曾到鳳凰台（即今灣仔胡忠大廈的後面），與在港的廣東省軍委書記聶榮臻、中共南方局書記賀昌等人聯繫。

第三次	1929 年 12 月至 1 月，鄧小平由廣西去越南後，途經香港回上海。	鄧留港期間的活動，文獻未有記載。唯鄧回到上海後，妻子張錫媛因難產而死，孩子也夭折了。
第四次	1930 年 1 月底，他又要從上海取道香港到廣西。	鄧小平通過中共在香港的人員，找到正在香港建立秘密電台的李強。據李強回憶，那時鄧小平談到托他代為埋葬夫人的事。
第五次	1931 年 2 月，鄧小平回到廣西後，率領紅七軍到達江西，再接到指令要赴上海向中央匯報工作。	鄧小平曾喬裝為商人，掩人耳目，行至廣東，再乘火車到廣州。待買到香港到上海的船票後，就由廣州趕到香港，再坐船到上海。

歷史追蹤！

原來「你」也在香港 ❸

黃家樑 著　　民國名當代 篇

出版 / 中華教育

香港北角英皇道 499 號北角工業大廈 1 樓 B

電話：(852) 2137 2338 傳真：(852) 2713 8202

電子郵件：info@chunghwabook.com.hk

網址：http://www.chunghwabook.com.hk

發行 / 香港聯合書刊物流有限公司

香港新界大埔汀麗路 36 號 中華商務印刷大廈 3 字樓

電話：(852) 2150 2100 傳真：(852) 2407 3062

電子郵件：info@suplogistics.com.hk

印刷 / 美雅印刷製本有限公司

香港觀塘榮業街 6 號海濱工業大廈 4 字樓 A 室

版次 / 2018 年 9 月第 1 版第 1 次印刷

©2018 中華教育

規格 / 16 開 (195mm x 140mm)

ISBN / 978-988-8513-93-2

責任編輯：郭子晴

裝幀設計：小草

排版：沈崇熙

印務：劉漢舉

我在此！